공복의 시대

공복의 시대

이현협 시집

시인의 말

미안하다
그 한 마디에 주목朱木의 계절은 흔들리지 않았다
너무 일찍 알아버린 부재, 유년은 고요하고 격렬했다
침묵에 살고 생각에 죽다 살아난 소란한 길은 평온하다
아직 버리지 못한 문장, 또렷한 지문이 된 한 잔의 고백

2025년 여름
이현협

차 례

● 시인의 말

제1부 반나절의 표류

실어증, 29.7도 ──── 12
맨발의 나비 ──── 13
수신 제한 구역 ──── 14
거짓말 ──── 15
낯선 가르마 ──── 16
밀폐 ──── 17
사랑니 ──── 18
파장罷場 ──── 19
난파선 ──── 20
반나절의 표류 ──── 21
우기의 텃밭 ──── 22
존재 ──── 23
유년, 그 허리춤을 세우며 ──── 24
어린 돛배 ──── 25
우음도의 거미 ──── 26
오백 원의 순례 ──── 27
아버지의 視界 ──── 28

제2부 기차는 오지 않았다

발가락을 세며 ——— 30
나무가 우는 동안 ——— 31
좁교는 살아 있다 ——— 32
거푸집은 수리 중 ——— 33
푸른 목숨 ——— 34
그늘진 입 ——— 35
그의 기억은 조금씩 부화한다 ——— 36
벌거벗은 푸념 ——— 38
낮술 ——— 39
시와 머리카락 ——— 40
앞니 빠진 날 ——— 41
새 옷 ——— 42
휘파람새 ——— 43
무언, 혹은 침묵 ——— 44
첫눈 ——— 45
더 이상 날지 못하리 ——— 46

제3부 비밀번호

다시 호출이다 ──── 48
종이밥 ──── 49
공복의 시대 ──── 50
사월 ──── 51
탁발 ──── 52
조식 ──── 54
취매驛 ──── 55
폐경기의 남자 ──── 56
거울 ──── 57
꽃이 피었다 ──── 58
비밀번호 ──── 60
송탄재 ──── 62
섬 ──── 63
가면의 섬 ──── 64
명찰들 ──── 66
새는 날지 않았다 ──── 67

제4부 다시 호출이다

빈 깡통과 녹턴 ——— 70
생피 한 방울이거나 ——— 71
박쥐 일기 ——— 72
작야昨夜 ——— 74
멀린의 영혼 ——— 75
석연화 ——— 76
마주르카 ——— 77
우울한 귀족 ——— 78
무언가 ——— 79
만도晚禱 ——— 80
말 거품 ——— 81
뾰족구두 ——— 82
모르포 나비 ——— 83
바르다의 발 ——— 84
제5구역 ——— 86
심야극장 ——— 87
그 속에는 악마가 숨어 있소 ——— 88
그늘 ——— 89

제5부 프로이트는 시가를 빨았을까 불었을까

마콘도의 계절 —— 92

웃음을 입히다 —— 93

마티스의 창문을 열다 —— 94

밀회 —— 95

어둠의 지붕을 바라보다 —— 96

붉은 안부 —— 97

손등에 나무를 심다 —— 98

하루살이 —— 99

공실 —— 100

프로이트는 시가를 빨았을까 불었을까 —— 101

얼음 베개 —— 102

공범 —— 103

초향록草香綠 —— 104

보편적 고발 —— 105

▨ 이현협의 시세계 | 이영춘 —— 107

제1부

반나절의 표류

실어증, 29.7도

　천상에 든 아버지 후배를 배웅하는 군내면 푸른 비탈, 벌거벗은 촛불을 든 점집은 배가 고프다 오촌의 마천루에 가려진 바글바글한 제비꽃들과 눈물 한 잔 올렸다 사철 붉던 밤, 목 졸린 번호들과 해후하셨는지요. 공포를 뒤집어쓴 폐 간 당한 청춘, 환불받았는지요. 살아남은 101번지 구더기들과 결핍을 끌어안은 29.7도의 성찬, 멸망 당한 복권復權에 어금니를 악무는 파멸은 실어증이다

맨발의 나비

　색연필을 가득 실은 버스가 무심한 골목을 지났다
　아버지 무덤에 갈 때마다 벌거숭이가 되어 술을 마셨다
　눈발이 출렁이는 아버지의 바다에 기타 소리가 자욱하다
　비린내 나는 무덤가에 늙은 악사가 살고 있는 것이다
　돌아앉은 해안을 맨발의 나비 빙빙 돌다가 잠이 든다
　창백한 손으로 줄을 당기는 등을 날것들이 바둥거리며 기어오른다
　문이 열리고 순례자처럼 더듬거리며 파란 집
　아궁이를 데우고 파란 압생트를 그렸다
　청색 그늘을 노래하던 아버지와 숨 쉬는
　푸른 기타리스트를 위해

수신 제한 구역

책장을 넘기자 초대받지 못한 손님처럼 벌거벗었다
손가락을 탈출한 비상은 다시 무거워졌다

행선지를 잃어버린 입맞춤에 생각의 도시는 만석이다
줄어든 양심에 미끄러진 문장 분절되어 피었다

분가루처럼 흩날리던 만월, 빨강 입술이 실룩거린다.
남겨진 편지는 옥수수염처럼 말라갔다

마지막 장을 넘기자 모르포 나비가 울었다
수신 제한 구역에 갇힌 피와 살,

거짓말

  난 아파요, 정말 아파요, 노래 속 참꽃을 기다리는

  별 헤던 영변에 나비가 날아들지 않아도, 진달래가 피지 않아도
  심장이 내려앉은 햇살은 약산동대 연분홍 저고리 찾아 방실대지

  보이지 않는 손에 풀려나 약산 지키던 기암괴석 층층이 돋아
  겹겹이 솟아난 바윗돌 사이 천만 겹 웃음으로, 부활하길

  뼛속부터 종말을 느껴 검은 깃발, 동이 트는 것도 잊은 균열들
  재와 먼지에 깨어, 얼어붙은 피, 땀, 눈물, 삼키는 불구덩이

  거짓말, 거짓말, 뒤틀린 천국과 지옥에서 깨어났지
  초라한 불구덩이지, 금구덩이가 아니야,

낯선 가르마

첫새벽부터 기다리는 막차는 오늘도 연착이지 기찻길 옆 저탄장에 누워 부채 과자를 그렸지 비틀거리는 오류를 횡단하여 품어온 코냑, 시가 보따리 어슴새벽부터 풀었지 시가를 문 사람들 체 게바라 흉내를 내었지 팔뚝만 한 바나나를 먹을 줄 몰라 쩔쩔매었지 웃음 사라진 마당 빈 병, 담배 냄새가 수북했지 붉은 집에 두고 온 맨정신을 찾아 사나흘 방문이 잠긴 동안, 툇마루에 풋사과, 표고, 오미자, 꽈리들만 익어갔지 어둠에 서성이던 낯선 가르마들이 사라진 후 시퍼런 수의는 점점 살갗을 파고들었지 시커먼 개울가 쑥부쟁이 웃던 밤 노란 주전자 비워갈 때, 낡은 트랜지스터를 순례하는 멍든 시간은 울지 않았지

밀폐

   알몸으로 공지천에 들어갔다 관 뚜껑 붓꽃을 그리는 손 울고 있다 희미한 초승달 아래 알약을 삼킨다 물 위에 올라 탄 그림자 욕망을 여읜 줄도 모른다 마른 팔뚝 기어오르는 성난 핏줄 씁싸름한 징조도 없이 심장을 활보한다 수화로 떠도는 소문에 주저앉은 꽃잎 새우등으로 지켜본다 백합을 든 털북숭이들의 진심은 얼마나 멀리 있는지 절뚝이는 공지천은 몽중夢中이다

사랑니

　꽃비에 깨어난 빗방울 날아와 어깨를 툭툭 때리네
　비 오는 좌판에 앉아 칼을 가는 귓전에 파르르 정신이 들어 밤마다 덧나는 팔뚝을 따라 흘러들어 쪽배를 띄운다 바동거리는 손금에 운명이 있을까 사람들은 버린 죄를 벌할 판결을 기다리는 배심원처럼 말을 잊어가고 소름 돋는 난전이 술렁인다. 뜬구름 한 자락 자를 수 있는 날을 세워야 해, 쇳물 뚝뚝 떨어지는 난간 쇠꽃이 오므라들 때까지 손목이 시큰거리도록 거리를 점령한 알맹이 없는 봉지를 자를 수 있도록, 심장 시큰거리는 우울주의보의 경계를 잘라내야 해 또 하나의 얼음조각을 삼키면 시퍼런 초야처럼 아파와 싸구려 담배를 찾아 식어가는 생피를 쓰다듬어야 해,

파장罷場

 소복 같은 머플러를 둘렀다 어둠 빛으로 푸르스름한 몸뚱이 감은 채 은어가 펄떡거리는 떨림을 마셨다 줄지어 기다려도 쓴웃음 뱉어내지 않는 이별들과 마주 앉았다 우려했던 기쁨이다 머리카락에 칠흑처럼 감겨드는 내가 버린 비웃음의 파편, 쪼가리들은 무심히 내 유약한 심장을 쪼아 삼키고, 깨알 같은 외상장부는 풍화된 내 영혼을 훑고 난전에 쪼그린 바람을 불러들인다 지옥 같은 리듬은 무참히도 난무하고, 가슴의 불로 날것을 익히려던 몸부림도 목울대를 신문고처럼 두들기던 분수도, 깊은 나락에서 깨어나 유배당한 설움에 술잔을 쳐들 것이다 조의금처럼 들어앉았던 세포들 걸어 나와 몸부림치게 할 것이다 난 미치도록 취기에 절어 휘황한 어둠을 떠돌 것이다 달궈진 불빛들이 못처럼 깊은 무서리 속을

난파선

흰 광목 찢어지는 소리로
섬을 두드리는, 시퍼런 손등
마지막 섹스를 잊지 못하는, 늙은 국밥집도 저물고
철로변 줄장미가 담배 연기처럼 흘러간다
다가온 것처럼 떠나는 외침들,
갈라진 손금마다, 티끌이 열리고
새가 되고 싶었다 붉은 달을 삼킨
거부할 수 없는 새벽, 빈 시간이 뒹굴고
낯선 엄마를 기다리는 쑥갓이파리 같은 아이도 잠들면
허물어진 가마의 참나무 재처럼 고립된,
부르튼 돛배 닻을 올린다

반나절의 표류

  선 채로 꿈을 짜는 서슬 퍼런 입술에게 이 야릇한 광기를 삼키며 이 먹먹한 심사를 통보하다 동정 끈 풀린 색시로 안긴 섬은 절벽이다 모진 세월 거스른 이유가 여기였던가. 밤마다 심장에 길을 내던 섬은 벌거숭이다 빗방울 너머 길쌈도 없이 자란 옥수수 고개 숙이는 섬은 쾌락이 아니다 그림자도 아니다 붉은 창마다 회색 포도마다 희뿌연 손이다 마른 바람에도 배냇짓하며 가면을 만들고 있다 더운 반란이다 파리한 돌계단 사이 삐죽이 늘어진 검푸른 깃발 에워싸인 오래도록 가면을 쓴 슬픔이 서 있다 오미자 열매처럼 붉은 세월을 삼키던 입술이 운다 옥수수 숲처럼 돌아앉은 분노의 등 뒤에서 운다 이 낯설고 설레는 반쪽짜리 쾌락을 쿡쿡 찌르며

우기의 텃밭

　전생에 풀지 못한 사연이 큰물로 흑암에 웅크렸다 비가 쌓여가고 씨감자의 깊숙한 옹알이는 자유를 부른다 뉘 있어 자유라 아니 하겠는가 보라 꽃잎을 건너는 초년 무당벌레의 붉은 유년을 귀담은 적이 있었는가, 아름드리 붉은 열망을 움켜쥔 농익은 살점 한 덩이, 마디 풀어진 무당벌레의 회돌기에 세포는 저물어가고 목젖이 녹록하다 어둠에 귀를 묻은 전생은 풀지 못한 유한에 열매는 지하에 씨 담기를 할 때 만개한 빛은 시린 돛배에 보라 꽃잎으로 날리고 두엄더미에 빠진 골프공으로 닻을 세운 채, 외뿔소는 둥근 일기장 속으로 걸어가 묵은 내일의 지난 발기에 몸서리치는 긴 유언이 외뿔소 등에 애벌레 한 마리 황새 날아간 놀 빛에 투병 일기를 찍는다

존재

  살아온 날들에 관하여 진술하자면 삶도 시든다는 것을 이야기해야 한다 까무러질 듯 울어대는 전화기 도통 관심 끊은 지 오래 생각나면 달려가 얼싸안고 담고프면 꿈속에서도 꾹꾹 번호를 눌러 친다 체할 듯 꺽꺽이는 전화 열어젖혔더니 푸릇한 원한들이 총알보다 빠르게 심장을 훑어 내린다 제풀에 실신하고 내 품에 엉금엉금 꿈틀거린다 선명한 이유 건너뛸 수 없는 사실 살아 있음이다 죽은 자의 영혼처럼 울음 새겨진 낡은 사랑 같은 구겨진 생 허름한 극장에서 푸르다는 것이 이토록 슬프다는 것을, 슬픔을 맨살에 억지로 껴넣으며,

  아비의 그 늦은 밤그림자처럼 서 있는 멀리 귀가를 기다리는 밤 멀리 전봇대를 내려다봤어, 살아온 날들처럼 죽어갈 날을 망연히 내려다보고 있는 것처럼

유년, 그 허리춤을 세우며

유년이 떠나고 바짓가랑이에 차오르는 쓰라림을 껴안아야 했어
가늘 수 없는 목을 누군가에 의해 잡힌 채 낯선 거리에서 나는 수시로 나부끼고,
수취인불명의 내 이름은 아무 곳에도 수신되는 데가 없었어
차디찬 지하 셋방에서 미세한 내 영혼은 종일 덜컹거렸어
닫힌 지하도의 입으로 내 목젖의 쓰라림은 한겨울처럼 깊어갔어
어둑한 속뼈를 수선하며 나는 내 허리춤을 세우곤 했어
내 푸른 뼈는 늘 허물어질 위기 앞에 놓여 있었어

어린 돛배

　해가 들리지 않는 지하 추녀 끝, 고드름 앓는 소리 파르르 눈까풀이 열린다 느러터진 햇살이 쪽방 문에 걸터앉을 무렵, 어린 가지 꽃은 울보가 된다, 고양이 발걸음으로 좀먹은 나무로 만든 벽장 속 구부정한 골무를 집어, 어머니 손가락에 끼운다 불덩이처럼 타올라 장국밥이 먹고 싶다 엉겅퀴 꾸벅이는 국밥집에서 말라가는 침샘을 적신 광대들이 벗어 던진 가면 자불자불 숨바꼭질하는 작은 방, 초저녁 젖가슴에 호랑이를 그려준 그 까무잡잡한 남자는 벙어리일지도 모른다 잔별 에워싼 긴 수로 끝마디, 푸른 별 비추지 않아도 하얀 침대 위 시계추는 돌아가고, 처녀막 추문도 없는 나라, 녹슨 선풍기 춤이 배꼽을 관통한다 곰팡씨가 맹수처럼 할퀴어도, 주인을 기다리는 관은 서늘하다 거룩한 가면은 날마다 그물을 살피며 불덩이로 달구어지고, 가지 꽃은 담배에 불을 붙인다

우음도의 거미

개구리의 혀에 묻어온 봄은 독이었다
가파른 파도 너머 소를 기다리는 정부情婦는
낡은 탁자에 남겨진 안주 몇 구절을 씹었다
헌책방은 성난 황소가 되어 달빛에 거미줄을 친다
거미줄이 위태롭다 먹어도 허기를 메울 수 없어,
거미줄조차 삼킨 목덜미에 진노한 감각들
낯선 횡간을 질주하는 마른 겨드랑이들, 실어증에 걸린 우체통은 위태로웠으며
오장육부를 드러낸 고약한 나날들
해당화 씨앗을 기다리는 우음도의 거미는
위험한 계절에 태어났을 뿐이다

오백 원의 순례

바짓가랑이에 매달리는 어둠을 달고, 연옥을 나섰다
바랜 골판지 사이 꿈에 절여진 배춧잎 같은 몸뚱이들
부적이 된 번호표가 춤추는 새벽은 굽은 등줄기들의 천국
신음을 감춘 창백한 두 손에 들어온 동그란 파란 하늘
흰 고무신을 찾아 또 다른 목요 순례를 떠나야 한다
설산도 협곡도 없는 차마고도보다 더 숭고한
다시 일곱 정거장을 건너야 만날 수 있는

아버지의 視界

 먹물 뒤집어쓴 나룻가는 뜬 눈이다 내륙의 밤은 숨죽은 배추처럼 짜다 아버지의 시계에 행방불명된 잡초들이 살고 있다 일가를 이루지 못한 일년생 풀, 고집을 이루었으나 마디가 없다 꽃들이 떠난 자리에서 길을 잃고 기압골의 영향으로 흐리고 불순하다 풀씨의 식은 부리에 단풍이 든다 단풍에 풀어지는 동공에 눈물 고인다 심장 깊은 곳에 매여 있던, 수취인불명 편지는 돌아오지 않고 신림동 뒷골목 헤매던 불씨로 살아나 시퍼런 눈 껌벅인다 비전향 장기수처럼 목이 쉰 채로,

제2부
기차는 오지 않았다

발가락을 세며

    잠들지 마라, 연극은 5막을 지나 스크린 안으로 사라졌다 분장을 지운 창백한 계절 주머니의 가지들이 빙벽에 올라 그네를 탄다 살점에 쌓여가는 촛농, 산다는 건 죽어가는 것 우연히 마주치더라도 어색하지 말자던 언약은 처마 고드름으로 매달렸다 풀어진 올 한 마디 딸려 온 사진첩 곰팡이 지워내는 짓무른 몸뚱이, 발톱도 모르는 죄 밀랍의 무덤 두드리는 소리 돌아가야지 신생의 숲 목숨조차 허용되지 않는 적멸의 난간 울퉁불퉁 남은 발가락이 몇 개던가 구멍 난 콘돔처럼 떠올려야지 아직은 잠들지 마라

나무가 우는 동안

도시는 번들거리는 살갗을 함부로 드러내고 있지
숨겨두었던 슬픔을 알았다면 울지 않을 수 있을까
싸락눈이 내리듯 흐릿한 눈이 잠기고, 꽃신을 신는 소리
첫눈 같은 이마에 입술을 두 번 맞추고 두 걸음 뒤로 물러
났다
비틀거리던 이파리들이 검정 치맛단으로 흘러내렸다
남겨진 시퍼런 한숨이 풀꽃들의 독경 소리에 잠에 든다
시퍼렇게 살아 돌아오던 가난한 새벽 해금처럼 울었다
남겨진 금 쪼가리들이 아파오는 저 오르막을 지나
묵정밭으로 무량하게 기어들고 있다
경전 속 낯선 동굴을 찾아

좁교*는 살아 있다

사라진 신의 발자국을 찾아
험준한 신의 자락을 염탐하는 벗들이여
세상에서 가장 슬픈 동물이라고 말하지 마라
사철 뿔에 고드름을 달고, 평생 등짐으로
촐라체*를 돌고 돌아 설원에 잠이 들 때까지
설움을 삭이고 만년설에 길을 만드는
너를 찾아 나서는 나는 너였다

* 야크와 물소의 교배종.
** 히말라야 촐라체(6,440m).

거푸집은 수리 중

 목수의 집을 지나 절벽을 건너온 바람이 지층에 내려앉는 시간들, 닫힌 귀 사이로 하늘을 열어 청보랏빛 생에 파편을 불러 모아 거푸집을 세웠지, 한없이 미끄러지며 추락하는 한 폭의 조등은 장송곡을 읊조리다 잠들었어, 무상한 호濠 자박일 때 물살을 밀치는 소리는 견딜 수 없는 구토처럼 이곳저곳에 흔적으로 부서지고, 단 하나의 사실은 매일매일 상처로 죽어간다는 것, 정체불명의 시체는 노점 생선가게 좌판에 두 눈 뜬 채 널브러져 있어,

 반짝이는 은비늘을 꼿꼿이 세우고,

푸른 목숨

　바람 부는 푸른 별 아래 동전이 떨고 있다 너 잃고도 사람들은 태연하다 너를 품어 나선 어둠 모서리 텅 빈 거리 또 꽃대가 부러지지만 무심한 눈초리들은 전진만 고집한다 사건은 사건이고 행동이 판치는 포도가 일어선다 붉은 자국에서 두툼한 성에꽃이 피었다 죽비 소리만 고집하다 주저앉은 눈을 파고든다 누군가의 손에 있을 것이다 하나 남은 퓨즈, 닫힌 늑골을 비집고 물길을 트인 그는 꿈틀대는 암흑 수로에 밤새 출렁거렸다 부풀어 터져 껍질만 남은 몸속 실핏줄마다 다시 푸릇푸릇한 전류를 흘릴 수 있을까 몸 어딘가 온전한 퓨즈 한 개쯤 분명 남아 있을 것이다 동전으로 품에 넣을 퓨즈를 안을 수 있을까 자살할 나이도 놓쳐버린 지금, 두려운 건 두려움이 가진 무늬일 뿐, 언젠가 너처럼 도태될 터이니

그늘진 입

심해를 노닐다가
영문도 모르는 나들이였다
오징어 조각을 물었을 뿐이다
험상궂은 그물마다 빨간 눈이 펄떡이고
푸른 지옥은 더없이 광활하고 반짝였다
희미한 상자에 잠들었던 친구들이 하나둘 불려나가자
하얀 장화들이 비늘 덩어리와 춤판을 벌였다
비릿한 모퉁이마다 늘어선 푸른 소매들은 침을 삼켰다
서러운 도마에 수염을 남겨두고 일어섰다
꼿꼿하게 지느러미를 세우고 뭉툭한 입으로
불룩한 배를 출렁이며 가야 한다
시간에 물들지 못하는
그늘진 입 속으로

그의 기억은 조금씩 부화한다

뒤꿈치를 든 비릿한 난파선이 흔들린다.

새는 알에서 벗어나려고 몸부림치고 그의 기억은 조금씩 부화한다

밤새 뼈근하도록 외치던 포구의 노랫가락도 멈추고

둔부처럼 환한 썰물이 빠져나간 포구 말의 감옥이 열리고

꾸부정한 천막 아래 신음 쏟아내는 새벽의 긴 꽃 목울대를 쳐든다

슴슴한 조개탕 식어가고 텃밭의 푸성귀처럼 서성이는 생선 몇 마리 펄떡인다

짭조름한 손맛에 지친 날벌레 도망치듯 시장 어귀를 벗어난다

설익은 우물집 탁자 쌉싸래한 테킬라 한 모금에 몇 방울 눈물 감추고

흩어진 가루약처럼 어둠 짙은 허방으로 올라선 푸른 하늘가 오두막집

내일 아침에도 신들린 듯 불붙일 그 여자 꽃 모양 향꽂이 말갛게 피어오른 입술 아이 뗀 여자처럼 선善을 증오하는 그 남자 허기는 오늘도 불순하다

위조된 박제가 되어 야생 바다를 넘보는

아, 오늘 밤 파도의 화장이 그립다

벌거벗은 푸념

  이삼일 줄지어 선 배불뚝이 지갑을 매혹한 죄, 비정한 발자국 하나 남기지 못한 요염한 나신 문드러지지도 않아, 불쏘시개도 못 되는 나자빠진 몸뚱이 구멍 난 혓바닥에 굴러든 은빛 살구, 다소곳이 명품 휘감은 죄, 아무도 울어주지 않는 지상, 우둘투둘한 예고도 가릴 수 없는 전단보다 가벼워진 폐허, 동강 난 허벅지와 팔뚝들 어루만지는 노랗게 살아 있는 화석, 쇼윈도 비친 모습에 우쭐한 죄, 은행나무 아래 개살구를 찾다가 폐기된 목격자들, 잃어버린 자장가를 찾아, 주름 없는 이마, 벌거벗은 푸념에 미끄러지는 정숙한 똥파리들,

낮술

  늘어진 그물 뒤집어쓴 부둣가 낮술에 취한 연미복이 지나갔지 발톱 부러지도록 뱃전을 순례하는 굽은 발가락, 깃발을 끌어 올리는 시린 손에게 자장가 한 번 불러주지 못했지 밀항을 꿈꾸는 비늘 무덤에 버려진 빈 장화 선잠에 들었지 단지에 움쌀을 여투던, 그 더운 살갗에 닿았지 해원海員은 빈속에 목이 터져라 목비를 불렀지 고개 숙인 물 고개 얕보다가, 숨은 덕에 침묵하는 붉은 지느러미들 간청도 듣는 듯 마는 듯했지

시와 머리카락

낙태한 꽃잎이다
솜사탕보다 달콤하다
시는 먹고 싶은 것보다 강하다
우주보다 크다
풀피리처럼, 여린 비 맞으며
시에다가 파마를 한다
흔들바위처럼 요동치는 시
시의 머리를 잘라내다
하늘보다 더 퍼런
시의 머리카락을

앞니 빠진 날

　삐뚤어진 입술은 눈을 감았지 천년을 침묵하는 주목 그늘에 화관을 쓴 모싯대가 주저앉고 쥐눈이콩 꼬투리가 두둑해질 무렵, 손톱을 다듬었지 빈 사과 짝에 앉아 황금 보자기를 두른 귀밑머리 순례하던 가위는 속바지가 다 젖었지 숯덩이를 삼킨 숯다리미는 바지 주름을 질주했지 빨랫돌에 앉아 앞니 빠진 입술을 불어 구두에 광을 내었지 배웅 못 한 첫차 같은 선생님 말씀도 듣는 둥 마는 둥 책보를 둘러메고 뛰었지 밥 먹듯 막차는 연착이고 뜬 눈의 아랫목 고봉밥이 식어갔지 기적소리 멀어지고 신작로 적시던 각혈에 치마끈 고쳐 매던 아편 같은 천한백옥天寒白屋을 맴돌고 있지

새 옷

남은 뼈에 물 한 바가지, 소금 한 줌 넣었지
후추 한 숟가락 숭덩 자른 대파에 기름 덩어리 매달렸지
푸근하게 서너 술 말았지, 그득 채웠어, 그윽한 파티였지
고추장 모자를 쓴 시커먼 똥이 불룩한 멸치, 입천장만 찔렀지
국물만 들이켰지, 쌀밥도 늙은 목을 거부했지
양은 냄비에 반이나 남았지, 시간이 멈춘 방,
그것들은 다 새 옷같이 낡으리니

휘파람새

손금에 새겨진 갱도, 부풀어 올랐다
덧문 그을리던 줄담배 연기는 파랬다

곡괭이 소리에 짙어가던 그 뻐근한 살점들
막장을 빠져나온 검은 입꼬리, 먹먹한 귓밥
강냉이 앙금으로 불콰해진 탄부들 배가 불러와

꿈의 고리는 더없이 참혹하고, 황폐해
시간은 절대 죽지 않아 막장은 둥글지도 않아
무밀랭이처럼 꼬들꼬들한 한 끼의 환청

무지막지하게 쓸어 담던 검은 돈다발
삐죽한 푸넘을 목에 두른 떠돌이 부호들
낡은 폐광을 추앙하는 겨울 휘파람새

공치는 날, 하얀 침상에 위리안치된 전사들
흠모하던 하늘 한 모금에 갇혀버린 절해고도
어느 서가에 꽂혀 푸릇한 짐승이 된 흑백

무언, 혹은 침묵

그날 아무도 모르게 흘렀다

기억되지 않는 큰물 뒤집어쓴 장기수처럼

목이 쉰 침묵은 뜬 눈이다

실종을 수색하던 수배자는 사라졌다

점점 두꺼워진 웃음들 전망대를 활보했다

벌거벗은 수초 섬은 떠돌고 있겠지

어디에선가, 어딘가를,

첫눈

 쪼그라질 때까지 비틀었으면, 벗어 던진 웃통에 얼룩 하나도 남기지 마,

 타락한 배꼽의 나라, 푸른 장미처럼 솟구치던 생피, 동안거에 파고든 계절을 불살라도 화석이 되어가는 빈껍데기의 감미로운 구역질, 아무도 추모하지 않는 말라비틀어지는 절정, 벌거벗은 꼬리뼈 지나 시큼한 목덜미 푸르스름한 이끼에 가부좌를 튼 꼬리 없는 도마뱀, 첫눈에 미끄러진 꼬리, 광막한 소화불량에 든 귀도 내려놓지 마,

더 이상 날지 못하리

깃털을 세워 홰 울음 하나는 남겼다네
아주 담담하게 선고된 세상에서였다네
평화가 눈송이처럼 내려 깃털들이 잠들어가네
침묵 속에 잠들어가고 있어, 만장으로 펄럭이는
아지랑이들이 부르네, 아가들 재잘거림이 들려오네

제3부
비밀번호

다시 호출이다

　매화틀을 잃어버린 맨발은 초면이 아니었다 미아가 된 문패들은 발정 난 삭임틀에 포로가 되어 꽃무덤을 만들었다 팬 살갗을 파고드는 멀미에게 알사탕을 던져 주었다 심지를 움켜쥔 호롱 같은 손이 꽃무덤을 쓸어내렸다 벌목 당한 문신에 잡초만 뽑아내다 짓무른 정원사는 정든 폐허를 짊어지고 다시 소화불량에 걸린 거리로 나섰다 백치의 변기에 성수가 차오르고 달창난 꽃물을 지워간다 고장 난 음계에 걸려 옴짝달싹 못 하는 아, 꽃의 잔해

종이밥

  푸른 바람은 더 이상 노래하지 않았다 검정 저고리 고름이 자꾸 흘러내렸다 하얀 국화로 둘러싸인 종이 밥그릇에서 국화꽃 냄새가 났다 빈 숟가락도 들기 힘겨운 고름을 매어 주고 슬픔의 점령지를 탈출했다 범의 불알을 얼구는 산자의 골목은 눈먼 악사의 차르다시*에 깨어나고 있다 흔들리는 비닐 안에 얼어붙은 팥을 긁어 반죽을 달래는 손이 엄마를 닮았다 굽어진 등이 지친 사연에 앉아 더덕을 깐다 귀머거리 노구의 뻥이요, 소리에 사소한 의문들이 키 큰 전봇대로 기어올랐다

* 비토리오 몬티의 바이올린 연주곡.

공복의 시대

지도가 없는 땅을 걷고 싶다 했소
취중 가위질에 잘려 나간 찌푸린 침대칸
다음 역은 벗겨진 시멘트 꽃의 명소, 헨드릭*
쳇 베이커**의 황동보다 가벼운 영하 19도의 나라
계절을 잊은 천장에 뒤집힌 채 떠다니는 샴페인 병
잠든 포장이 부르트면 노래를 파종해도 좋소
첫 설렘, 첫 손길, 첫 입맞춤
첫 만찬이 준비되어 있소
심장을 가둬버릴

* 프린스 헨드릭: 쳇 베이커가 사망한 암스테르담의 호텔.
** 1929-1988. 미국의 재즈 트럼펫 연주자 및 가수.

사월

뜬소문에 쪼그라진 입술로 시룻번 흘끔거리던

귀 없는 부표들, 한 모금 낮술로 얼어붙은 어록에

좌초한 또 다른 돛배, 파과에 미끄러진 아랫도리

흘끔거리던 물 고갯길, 플라멩코를 추는 웃음들

절벽으로 모여드는 해우의 운판 소리

탁발

아이들을 놀래키던 구애도 사라졌다

으슥한 시간 쓰레기 분리에 잠 깨우던

꼬리 물고 잠든 아가도 땅콩을 떼야 할 텐데

도끼눈 마을 지나면 다시 작대기들 숲이란다

그믐달 아래 페이지터너*처럼 살펴야 한단다

아버지 얼굴도 모르고 가르랑대는 곱슬 꼬리들

서벌의 후손이라고 날개 달린 소문이 들려주었지

막다른 골목 언저리 거룩한 탁발을 치르고

숨소리도 감춘 발꿈치를 들고 지나간다

* 음악 연주회에서 악보를 넘겨주는 사람.

조식

가락눈을 위로하는 첫차
맨발로 솟구쳐 오르던 아이들

사포 같은 손바닥을 빠져나간 문장들
그림자를 삼켜버린 어둠을 달래는 동안

불룩한 날들을 쿡쿡 찌르고 있어
빌어먹을 문장에 쫓기던 시간들

불어 터진 열병과 덧칠한 울음 남겨두고
얼어붙은 문밖에 튕겨 나간 푸르죽죽한 입술들

모두부 같은 건물 안에서 귀마개를 벗는 언 손
다섯 시간 삼킨 발그레한 입술이 말라가

아무도 읽지 않는 블루 카펫을 지나
노곤하게 올라탄 버스는 아주 알큰해

변신을 꿈꾸는 두부 한 모

취매驛

  자유의 소굴에 말소된 그림자 어둠을 벌컥 마셨지 시퍼렇게 지켜보던 무급의 창에 봄은 피었지 집배원이 두고 간 낯선 꿈, 아무도 모르게 수의를 벗어 알몸으로 고꾸라졌지 현저동 붉은 담을 순례하던 주파수는 오류였다고 아무도 말하지 않았지 노랗게 멍든 주전자 쑥부쟁이 무침에 부활하는 취매驛은 고독을 열어 화장을 지우지 비릿한 춤을 추지

폐경기의 남자

  구역을 벗어난 부유물을 가라앉히고 홀로 걷는다 공생과 공존 사이에 흩어질 수 없다 쓰러질 수도 없다 붙들어도 보지만 빛바랜 첫 꽃물의 그림자를 지나, 도심 한복판 방조등 아래 되뇌어도, 너의 의미와 나의 색에 맞는 그 어떤 의미와 색은 또 다른 화폭으로 허공에 사라질 것을, 면발치 서성이는 낯선 의미를 찾아 나선다 푸른 붕대의 움막을 나와 물구나무로 서서 하늘을 걸어가면, 가슴이 움푹 팬 그늘 아래, 조각난 거울 속으로 생면부지의 남자가 흘러간다

거울

 광대야 바람이 분다 너의 웃음은 종교와 같아서 맞은편 의자엔 슬픈 사람들뿐인데 너는 떠도는 운명이라 내일을 축적하지 않는다 광대야 어둠이 내린다 회색 포도 위에 떨어지는 빗방울이 네 속에 갇힌 도시의 네온을 흔들고 있다 햇살에 스러지는 이슬처럼, 가끔 속삭이는 죽음처럼 내게 거짓 기쁨을 팔아먹고 떠나간 광대야.

꽃이 피었다

잠깐, 아주 잠깐 꿈틀거렸을 뿐

발에 걸려 넘어진 양은 주전자
신발 한 켤레 남은 낡은 정부처럼
사방을 둘러보아도 신은 보이지 않는다

새의 손등에 내린 커다란 종소리는
울음을 멈추고 작은 종소리에 자리를 내어주었다
어둑한 밀물 허물고 싶었지만 다시 멀어졌다

우린 떠밀렸고 썰물은 토막이 났다
하늘 한입 베어 물고 웃고자 했지만
새싹 같은 자유를 봉인한 벽은 겸허하다

빈 술잔들이 부표하고 있다
침묵의 뒷문 흔들리는 시계는 절룩거렸고
속살 같은 만선을 꿈꾸던 문풍지가 떨렸다

고드름이 춤추는 무인도
표류하는 서가에 꽂힌 달콤한 안주 몇 구절
삼킨 조간朝刊이 등대에 걸렸다

비밀번호

우아한 실험실이야

몰아치는 잔기침에 여름이더니 가을이야

새끼들 얼굴도 모르는 엉덩이 종기가 터졌어

허물어지는 엉덩이를 깨물던 생쥐가 춤을 추네

진물이 하늘로 치솟은 엉덩이 비웃는 텅 빈 약병들

패랭이 화관을 쓴 빨강 손톱들 근연近緣 파티에 밤을 새우지

쩌렁쩌렁한 눈빛, 삭은 철망 안 찌그러진 물통을 채우네

고슴도치처럼 털을 세워도, 배가 부풀어 오를 거야

빗물 차오르도록 뒤뚱거리다 잠이 들어도 좋아

꿈에 부러진 발톱으로 아가들 집을 만드네

목이 쉰 자물쇠, 비밀번호도 없는

송탄재

아름드리 송진 냄새를 흠모하던 이파리
시퍼렇게 달려든 염탐꾼 온몸으로 품었지

기름끈을 잃은 노송의 페이지처럼 흔들렸지
가벼운 농담처럼 황홀한 등줄기를 침범했지

빼앗긴 송탄유만큼 수심만 쌓여갔지
드러난 뼈에 혼절한 수피 악물고 울지 않았지

상흔을 끌어안은 고사리손이 지나갔지
시위잠 든 나이테 한동안 꿈틀거렸지

섬

   기적소리에 실려 덜컹거리는 가을에는 타들어 가는 목을 다스리자 나를 스쳐 간 삐걱대던 붉은 이파리는 모른다 하자. 낡은 수도꼭지에서 흘러나온 찬물이 나와 뼛속까지 사무치기에 몸에 남는 기억은 만들지 말아야 해, 이렇게 가슴이 오락가락할 때, 선량한 사람은 내 이야기를 들을 수 없으니 바람 부는 날에는 너에게로 가고 싶어, 가시를 감추고 낮은 목으로 더 푸를 수 없을 때, 뼛속에 섬을 만들자. 술에 취해 그 섬에 물을 베고 잠들자 선량한 사람아

가면의 섬

날아오지 마, 투명한 나라
마른 연못에 빠진 늙은 백로처럼,

아무도 돌보지 않는 벽
꽃이 아니잖아 툭툭 떨어지는 푸른 목숨

푸른 분첩을 감춘 가면의 섬
눈 깜빡할 새마다 뭉그러지는 깃털 무더기들

우둘투둘한 시멘트 바닥
시건방진 발자국 사이 터져버린 달걀만 한 머리,

산산이 조각난 윗부리, 금색 깃, 노랑 눈꺼풀
반짝이는 혹한을 견뎌낸 황조롱이

들꽃 한 송이 없이 식어가는
아무도 알려 하지 않는 생,

날아오지 마,

제발,

명찰들

댓잎에 숨은 빗방울을 목에 걸고
낯선 횡간을 질주하는 마른 겨드랑이들

설익은 某日某時의 피신에 오므린 무릎 사이
生과 死를 염탐하는 눈초리에 진노한 감각들

우산 속 덜컹거리는 리듬 속으로 점멸하는
키 작은 담쟁이덩굴에 사육된 파란 명찰들

새는 날지 않았다

새 가슴에 갈대가 자란다
손톱의 때를 감춘 늘어진 어깨
먼 산에 감추었던 언약이 슬그머니 걸어 나왔지
용광로 같은 어둠이 걷히기 전 그 찬란에 안겼다는
가 보지 못한 길은 화석이 되어 연탄불에 익어가지
시간을 품어야 하는 석쇠로 무디어져 가는 것이라고
빈 술잔에 쏟아지는 푸른 허공에 취해버렸지

제4부

다시 호출이다

빈 깡통과 녹턴

야상곡을 사모하다 올라탄 기차는

죽음으로 가는 기차라고 아무도 말하지 않았다

세상 어딘가 떨어져 썩어질 삐뚤어진 발자국들

막다른 골목 폐허가 빈 깡통 안에 쪼그라들었다

핏빛 경계에 떨리는 밀실, 낡은 건반은 눈을 감았다

생에 마지막 연주 얼어붙은 손가락이 발효한다

공포의 심장을 녹인 생존의 여섯 해는

사라지지 않고 말소되었을 뿐

생피 한 방울이거나

여린 입술의 거친 소매, 빈 그림자 껴안은 무력한 영롱함, 위태로운 열광에 취하거나 주체하지 못한 어지러움, 얼음보다 차가운 퍼니 발렌타인을 암송하는 13일의 금요일, 숨죽인 낡은 책갈피 이고르트*의 휑한 웃음, 붓을 잃거나, 빛보다 빠른 기차를 놓치거나, 먹물 뒤집어쓴 미궁이거나, 혹은 망각이거나, 고전으로 가는 유리 벽, 푸른 생피 한 방울이거나, 유리 벽에 갇힌 이슬.

* 쳇 베이커 음반 포스터의 화가.

박쥐 일기

수박씨처럼 버려진 웃음이 구른다
거리의 속옷을 탐내는 산 자들의 고해성사를 들어줄 변기는 아직 막혀 있다
새벽을 삼킨 배관실 녹슨 파이프에 압착테이프를 감던 무수한 눈동자들이
소금 같은 기침을 삼키며 눅눅한 바닥에 등을 편다
마렉*처럼 귀가 비릿한 날은 자주 감자가 먹고 싶다
아무도 열지 않는 경전 같은 창을 바라보며 늙은 신학자를 쫓다가
앙금으로 부활하고 싶다,

가냘픈 어깨를 맞대고 선 지붕들에게
아직 자르지 못한 탯줄을 두고 온 683번지 광대뼈만 남은
빗자루에 올라탄 시간들과 산티아고 순례길에게 고백하고 싶다

눈을 감으면 한 번의 손길도 닿지 않은 참외 꼭지 같은 배꼽이 근질거렸다

볏짚이 듬성한 지붕 위에 시든 패랭이꽃이 낮은 천장을 기웃거렸고
 천둥 같은 울음이 핏줄을 타고 부풀어 올라 밤마다 물웅덩이를 만들어 냈다
 누렁이가 침병이다 지쳤는지 젖은 털을 흙벽에 비비고 있다
 꿈틀거리는 바퀴들의 설익은 소리가 아프다 뜨겁지 않으면 공짜라고
 몽정을 간직한 오토바이가 지나간다

 개구리의 혀 같은 봄이 빚은 한 끼의 기쁨에 마른 종이처럼 바스락거리던
 갈비뼈도 금이 갔는지 배가 고프다 어리숙한 달의 어수룩한 빛 속에서
 탯줄 채 꼼지락거리던 그날의 눈물로 잠이 들었다

* 폴란드 가수.

작야昨夜

　벌거벗은 입술 질근대던 청솔가지 더 이상 달지 않았지 허기진 숫돌 올라탄 창백한 소문 뱀처럼 누웠지 푸른 언약이 시들해질 때쯤 두둑한 귀향은 익어갔지 삼천 미터 막장을 활보하고파 선탄장을 어슬렁거렸지 가설 철로를 지나 금이 간 막장, 뜨거운 갈비뼈들과 바스락거렸지 짐노페디*를 점화한 허연 이빨들은 이방인이 아니었지 황금 죽탄 뒤집어쓴 허벅지 시커먼 허공에 그렸지 작야에 꽁보리 씻던 그 이름, 18번가 아랫목은 갱목을 짊어진 광차를 기다리지

* 에릭 사티의 피아노곡 1번.

멀린의 영혼

풀피리 같은 시간 오지 않네
강가에 놓인 텅 빈 배만 닻줄에 매달려
이리저리 맴도는구나
도피하지 않는 밤, 늦장미의 엷은 향기처럼
너무 취해서 몸도 마음도 탈진했나 보다
날 새도록 울컥 솟구치는 어질머리
솟대 휘어잡은 살아서 꿈틀대는
매년 산사나무에서 싹이 돋아날 때 그것은
이 세상에 다시 돌아와 무언가 말하려는
시간의 기만인 것을

석연화
― 娼

    발바닥이 가벼워진 좀머씨를 닮은 사내 삭은 고무줄 조이며 나폴레옹처럼 샹그릴라를 박차고 바람이 된다 기우뚱거리며 젖은 포도에 고개를 처박고 불빛을 토한다 엎혀버린 것은 아닐까, 마파람에 게 눈 감추듯 가죽 벗길 틈 없이 삼켜버렸나 날것이었는지, 횡한 머릿속 날뛰는 십이지장 쭈뼛쭈뼛 회 돌기를 한다 낡은 지갑에 파르란 이파리 여섯 장 끼우고 풀 죽어 꽃무릇에 취했던, 바다가 무서운 사내는 다짐한다 기어코 내일 날 날품을 팔아서라도 이파리 열 장 당당히 품어 오마고, 사내는 어머니 기억조차 싸늘하다 사내는 허공에 풍선을 띄우고 풀숲 속으로 함몰한다 비눗방울 같은 휘파람을 불며

마주르카*

　목에 걸린 비명 푸른 눈자위가 붉어 와, 바지를 입은 굳은 살이 녹아내렸지, 저 아래, 참 요란했지, 빈 대궁에 조잘대는 박새들, 도리깨를 맞고 떨어지는 들깨 알갱이들, 굽은 한숨을 일으켰지 사육된 시간도 비우지 못한 고소한 냄새에 지상이 무너지는 줄도 몰랐지 비틀거리는 지문 하나 남기지 못한, 한 번도 바스락이지 못한 이불, 자지러진 양말짝 기억이 된 살갗을 묵도한 꽃봉오리, 잃어버린 페이지를 찾아 나섰지

* 쇼팽의 폴란드 민속 무곡.

우울한 귀족

어둠에도 죽은 척하는 똥파리 무지근한 담벼락을 서성인다

나사 풀린 목을 지나 코르셋 벗은 몸통, 꺾어진 둔부는 정갈하다

천국으로 가는 열쇠도 없이 버려져, 큰 발자국들이 얼굴을 짓뭉갰다

어디선가 마르고 오그라들어 썩어갈, 영혼들에게 라크리모사*를 바친다

텅 빈 진열창 누비는 발칙한 구두 소리, 섣부른 소문에 모여든 우울한

까치발, 살아남은 혀를 말아 올리는 겹눈이 시퍼렇다

* 레퀴엠: 모차르트.

무언가

무언가를 노래하는
기차가 오지 않는 철로에 앉아
거칠고 쓸쓸한 가래 속살을 파먹었지
부풀어 오른 작약꽃 가지 시들어가도록
맹맹한 풋대추처럼 짓눌린 꽃 소문 지천이지
가장을 모르는 보름달에 헝클어진 이빨 닳도록
삼키던 보리수나무 홀로 시퍼런 되새김을 하지
經을 외면하고 아낌없는 귀향을 질경대는 숨뿌리
황금 날개 찾아 떠다니는 붉은 입술들을 기다리지
온 밤 장대비 열매를 다 떨어내도록 군말 삼키는
잎 따라 꽃 피어난 갈잎큰키나무는 기억하지
따가운 가래를 줍던 고사리손

* 무언가無言歌: 멘델스존.

만도晚禱

오래된 젖꼭지가 가렵다
낡은 갈비뼈 흰머리만 쓸어 올렸다

장항이 놓였던 자리는 잡풀의 하품 소리뿐
비빈 자리마다 벗겨진 페인트 자국

빨랫줄에 줄지어 그네 타던 잠자리들
어김없는 볼레로* 같은 소나기 예보하던 개구리들

달덩이 같던 항아리, 실금에 장물 닦아내던
몰락한 문신처럼 펄럭였지

닿을 수도, 느낄 수도 없는,
광막한 찰나

* 모리스 라벨.

말 거품

   운판 소리에 말 거품이 아랫배를 쿡쿡 찔러대는 말의 나라는 별도 찾지 않았다 매화꽃을 삼킨 병풍 뒤에 웅크린 유년에 둘러싸여 씹을수록 쓴맛이 나는 비보를 안주 삼아 꿈을 훔친다. 기억이 덧나는 폐초라강에 일편주一扁舟는 오지 않았다 늙은 해변을 서성거리던 파도가 퇴화된 시간을 찾아 우랄산맥을 횡단한다 해도 깊어질수록 밝아지는 설원에 진들 딸기꽃이 울고 있다는 것을 알아차리지 못했다

뾰족구두

가면을 벗은 광대 눈썹이 파랗지

생기 없는 장발 우둔한 색광의 판탈로네*

흰 뺨의 그라이아이* 옷깃은 조롱거리가 아니야
5세기 꽃병을 들 거라고 아무도 말하지 않았지

나팔바지를 입은 붉은 노을과 비릿한 그림자들
해일처럼 밀려오는 뾰족구두의 매부리코

시퍼런 생목을 따는 인형이었지

* 이탈리아 전통극.
** 그리스신화.

모르포 나비

저 아래, 참 요란했지, 빈 대궁 휘둘러 조잘대는 박새를 쫓아냈어
  도리깨를 맞고 떨어지는 들깨 알갱이들, 굽은 한숨을 일으켰지

  목쉰 라디오, 찡긋거리는 소나타에 숨이 멈추었지,
  먼지의 포로가 된 향기들, 빈 벽 순례하는 모르포 나비들

  비틀거리는 지문 하나 없는, 한 번도 바스락이지 못한 새 이불,
  허기에 자지러진 양말짝, 뱀딸기 꽃이 피는 줄도 몰랐지

  바지춤 흘러내리는 연무 속, 속표지 같은 쪽문
  속눈썹 같은 타초르 한 대궁 심었지

바르다*의 발

숨죽인 미래는 금이 가고 있다

서리꽃 핀 허공을 맨발로 걸었다

스산한 폐허에 칼자루를 쥔 듯 두 손을 휘두른다

허공을 다져 화면을 채워야 한다 오색 양념이 없어도

호출을 기다리는 텅 빈 마구간에서도 십이첩반상으로

잿빛에 물든 베일에 부르튼 심장을 깨운다

고갯길에 감춰진 피부에 쓸쓸한 추모를 하는

짐승을 닮았지만 닿는 곳마다 싹을 틔우는

절뚝거리는 바르다의 발은 헌책방에

낯선 시간으로 꽂혀 있다

* 벨기에 사진작가.

제5구역

   가슴에 배를 매어 두고 그대의 오래된 기차를 탔지 칸칸이 빈 창가에 경적소리만 차올랐어. 날개를 잃은 말들이 수북이 쌓여 꿈틀거렸지 가뭄이 휩쓸고 간 가슴골에 야윈 풀을 뽑아내어 화전을 일구었지 새침한 오두막 아래 풀들이 흔들려 기우뚱한 길을 따라 새가 날아왔지 꿈쩍없는 비탈을 부리로 갈아엎다가 허기진 새는 불룩한 부리로 곤두박질했어. 몽상가의 산란한 운판 소리에 이름 없는 깃털들이 노랗게, 푸르다가 시큼해지는 자유는 아직 서문을 쓰지 않았지 우기의 잎사귀 아래 숨죽이던 애벌레의 쪼그라진 허물에 찰랑이다가 아득한 전설이 되어 하얀 성으로 달려가고 있어 이 썩어질 몸뚱이 깨우는 바람이 차가워, 이제 검은 옷을 벗겠어,

심야극장

　어부의 정거장에 바람이 분다 영화 속에 숨겨둔 정부는 갈라진 사막을 걷는다 막이 오르고 편도선이 부어오른 어부는 손목이 휘도록 빈 그물을 당긴다 부활한 붉은 절벽에 혼절하던 웃음들, 팔뚝이 부러지도록 반죽을 치대던 새벽, 폭설처럼 찾아와 온몸을 파고들던 비늘을 불어내던 수염은 아직 별거 중이다 포구에 남은 꽃신에 몰아치는 재잘거림도 시퍼렇게 물이 든다 흙의 정거장에 정박한 그물에 단내가 녹아내린다 아직 심야의 그물은 잠들지 않는다

그 속에는 악마가 숨어 있소

달빛이 지상을 휘감을 때
골목은 울지 않았다
영혼을 어루만져 보나파르트*를 혼절시키던
창백한 손이 활을 놓았다

악마의 선율은 멀어지고
낡은 침상을 떠나 하늘로 걸어갔다
이 땅의 모든 증오를 비웃으며
이 땅의 모든 사랑을 뒤로한 채

어린 왕자의 품 안에서
발치를 맴돌던 사슬을 남겨두고
그 한마디를 남겨두고

* 나폴레옹 여동생.

그늘

이름 없는 치맛자락의 그늘을 보았는가.

날마다 지우는 화석이 되어가는 무명은 毒이었는지도 몰라

한 잎의 눈물로 주저앉은 길, 저 알 밴 장딴지 같은 하루는

마른 종이처럼 바스락거리다 깨어나지.

바람이 뿌린 홍주가 마르기 전 서늘한 알몸 물무늬로 찰랑이다가

  무청 같은 안부가 궁금했다지

제5부
프로이트는 시가를 빨았을까 불었을까

마콘도*의 계절

  지식知識 보균자들은 아무 말도 하지 않았다
  부활을 기다리는 발정 난 푸념들 밀려온 빙하 조각에 오른다 마른 포구는 하얀 침묵을 밀어 올린다 허리춤에 피신한 낡은 파도를 매달고 하루도 빠짐없이 마콘도를 지켜본다 시간이 멈춘 소금 기둥은 풋사랑을 기다렸고 기억의 축대에 쌓여진 문자들은 비명을 지르며 파도를 꾹꾹 밟고 걸어갔다 마콘도의 계절 눈 감으면 흑백 영화 속 고무 총알을 든 아이가 빛나는 내일을 향해 젖은 총알을 장전하고 있다

  * 마르케스, 『백 년 동안의 고독』.

웃음을 입히다

　입 없는 자들의 시간표 없는 시간을 걸음 뗀 아이처럼 떠돌았지 찌푸린 눈썹 위로할 한마디를 찾아 어둠에 짓눌린 뒷문은 잠들었지 어깨가 기운 문짝 사이 멀어져가는 탐닉을 쫓아 부어오른 발잔등에 헛것들이 달라붙었지 빈 곳을 찾아 멸치 떼처럼 움직이는 칼날 같은 숨결들, 어긋난 약속 절뚝이는 춤에서 깨어나지 않았지 산비탈에 웃음을 입히는 조르바처럼 꽃상여 입술을 읽었지 이 또한 유쾌하지 않은가

마티스*의 창문을 열다

  늘어진 푸념에 누운 남자의 머리 위로 비추는 생명의 창, 노란 바람이 잦다 노란 겨드랑이를 벗어난 실금은 푸석이는 온기로 살갑게 피어 어둠을 마시고 땅두릅을 찾아 매캐한 연기 들이켤 수도 있지, 목젖 세운 오월은 바지랑대 끝에 닿아 하늘가 남실거리다 퀭한 검은 눈자위를 키우고 끝내 비릿한 창틀을 넘어선다 동틀 무렵 메마른 껍질 죽비 같은 손으로 등 훑어 내리는 그 딸 같은 아이들을 느끼하게 쳐다보는 그 남자의 휘어진 틀니에 그녀들 실금 한 올 생명처럼 걸어 시선 저 밖에 머문다

* 앙리 마티스.

밀회

다다를 수 없는 거리에서
빗줄기에 섞이는 숨죽인 어둠을 본다
가문비나무의 속살거림에
희미하게 얼굴을 내민 달빛
내 푸른 정맥 속으로 흐르는,
아, 모넬라*여, 은근함이여

* 틴토 브라스(1998).

어둠의 지붕을 바라보다

 거울 앞의 창부는 흔들릴 준비가 되어 있다.
 눈먼 개의 주인은 어둑해질 무렵 풍경이 달린 문을 지나며 담배를 피우는 금발의 꽃을 보았다. 요염한 꽃, 저 시들어 갈 문간에 걸린 꽃바람이 배꼽쯤에서 녹아내려 어둠침침하고 음산한 새벽을 부른다. 돌아오는 길 오래된 벽화 위로 말없이 비가 내렸고, 한 뼘 건너 푸른 기운에 휘감긴 지붕은 점점 흐려진다. 어렴풋한 꽃의 잔해, 이 은벽한 밤은 유죄다.

붉은 안부

　피가 돌지 않는 시퍼런 저 문 안에 자궁을 들어낸 소녀는 눈을 뜨지 않았다 파랗게 질린 입술, 하얀 눈꺼풀, 소녀는 동화 속 성냥팔이 소녀, 퉁퉁 부은 베개에 묻힌 귓속으로 들리는 노래는 보릿자루 같은 배를 꾹꾹 눌러대는 쇳소리뿐이다. 보릿자루 같은 배를 지나 위와 창자를 연주하던 위대한 의식은 사라졌다 매달 찾아오던 완경이 보이지 않아도 텅 빈 아랫도리를 흔들며 살얼음 깔린 공지천으로 나갈 것이다. 원하지 않은 망명에 오른 회색의 길, 회색 초상화를 그릴 것이다 마치 새로 태어난 아이처럼, 아무 일도 없던 것처럼,

손등에 나무를 심다

양철 지붕 처마 끝에
매달린 봄, 하늘 아래 첫 동네
살을 에는 산골 물에 설움을 씻고
무명 치마 북 찢어 얼굴을 닦으면
그 부드러운 촉감, 얼굴이 무명천을 닦는지
무명천이 얼굴을 닦는지 알 수 없었지
허기진 배를 달래며, 이슬 채 마르기 전
꽃을 찾아 열매를 찾아, 바짓가랑이를 적시고
꿀벌이 되어 들판을 달렸지
볏짚 연기, 오솔길 따라 밭두렁 타고
굽이친 달빛 아래, 가시덤불을 누볐지
살아 있는 동안 수없이 만지작거리는
그림 같이 지우고 일어서야 할 날들
누군가 일으켜 주기 전
혼자 일어서야 할

하루살이

세포를 일으키고 촉수를 다 동원해도
들을 수 없다 들리지 않는다
기차를 타면 녹아내리는 심장에 닿을 수 있을까
결핍된 은자의 노래를
가난한 생명의 노래를

공실

결빙된 번호가, 벽을 뚫었지
늘어가는 공실 속 공실을 애도하는

비눗방울에 미끄러진 경經을 삼켰지
변명을 들킨 우기의 위와 창자들

웅크린 벽, 알사탕을 든 꽃말이 흐렸지
신화가 된 노르뱅로 사거리 식어간 입술들

피는 줄도 모르고, 지는 줄은 더 몰랐지
노란 화관을 쓴 채, 꺼져가는 꽁초

검열 당한 오장육부를 훔쳐보았지
좁아 드는 수로, 호외도 날아들지 않아

허기진 식탁으로 모여들었지
꽃말을 목에 건, 곱은 손가락

프로이트는 시가를 빨았을까 불었을까

  부채과자를 기다리며 송아지 콧노래에 개똥벌레랑 뛰었지 초저녁부터 윗동네 사람들 막차를 기다렸지 별빛을 머리에 이고 한결같은 비틀거림으로 귀향했지 아침 댓바람부터 위스키에 시가를 입에 문 체 게바라들이 뿜어낸 솜사탕에 루핑지붕이 들썩거렸지 깨알보다 작은 씨앗이 오지 여행을 오를지 또르세도레스*도 몰랐겠지 벗을 찾아 나선 나들이는 벗을 위함이 아니었음을 한참이나 몰랐었지 자고 나면 부채과자 대신 표고와 묵나물 오미자들이 쌓여가던 툇마루 전설이 되었지 구멍 난 함석대문도

* 쿠바 담배 장인.

얼음 베개

　하모니카 애원에도 문은 열리지 않았다 붉은 허공에 그리다가 잃다가 폐허가 될 때까지 몰랐다 어스퀘이크*에 비치는 물랭루주행 기차를 기다리는 로트렉이 보인다 맨발로 뛰어도 탈 수 없는 막차는 소리 내지 않았다 순결을 찾아 생을 마감한 등줄기에 소름이 돋아 소금 기둥이 될 때까지 낯설지 않을 것이다 구멍 난 심장에 돋아난 침묵을 솔기 터진 생각을 위로하는 몽마르트르의 베개보다 뜨거운 금서를 짓는 무희들은 잠들지 않았다

* 로트렉이 만든 칵테일.

공범

살점이 뜯긴 가시 사이로
핏물로 빚은 어둠이 부풀어 오른다
충혈된 그물을 풀다가 표류하는 뱃살들
몸살에 미아가 된 스크루를 꽁꽁 묶어버렸다
찌르레기 군무도 아닌 것이 신들의 섬을 점령했다
어떤 손이 버린 비닐 목도리에 축 늘어진 지느러미들
비자도 검문도 없는 침입자, 데드존을 띄우는 공범들
망망대해 초당 이만 잔에 취해 하늘을 삼키려는
푸른 추적에 숨 막히는

초향록草香綠

어디로 끌려가는지

두 눈을 감아도 빛조차 들리지 않는 시간
실오라기처럼 싹트지 못한 이유들은 어찌나 슬픈가

먼지 가득한 화구상자의 기침에 찔레꽃이 떨고 있다
덩굴손으로 기어오르던 심장을 닮은 잎이 태어날 때마다

심장을 찌른 말간 대궁 파닥이는 그 향기로운 가시
눈먼 밤 파란 이파리는

어찌나 슬픈가

보편적 고발

박물관 뒷마당 그루터기로 남아 있지

삭제할 수 없는 부러진 칼 뿌리는 새파랗지

광장 벽화를 지나 울부짖던 참나무는 흰 수염을 휘날리지

눈물의 방공호는 목이 터지게 증언하고 또 침묵하지

피와 분노를 커튼으로 가릴 수는 있지만 그릴 수 있었다지

전시용 화집을 장식할 정박아가 아니었던 차가운 유언에

고향을 찾은 게르니카*는 자유를 진행 중이지

최후의 심판은 늘 가까이 있지

* 피카소의 그림.

이현협의 시세계

상실과 그리움의 서사

이영춘

이현협의 시세계

상실과 그리움의 서사

이영춘
(시인)

1. 아버지의 視界를 찾아서

　이현협 시인의 첫 시집 『공복의 시대』는 공복만큼이나 허虛하고도 실實하다. 불경의 구절을 변형한다면 색즉시허色卽是虛, 허즉시실虛卽是實이라고 하겠다. 있음과 없음에서 부단하게 존재의 근원을 찾아가는 여정이 이현협의 시다. 그 여정은 때로는 아프고 때로는 허망하고 때로는 좌절하여 피 흘리듯 허허벌판에서 우는 바람 같다. 왜 그럴까를 생각해 본다. 아니 그의 시를 통하여 유추해 본다. 2007년 필자는 「강원민족문학

「특집 1. 젊은 시인들의 소시집=이현협 시인 편」에서 "있음과 없음의 부재, 그 부재로 오는 내공의 설계와 건축"이란 타이틀로 이현협의 시 세계를 쓴 바 있다.

이십여 년이 가까워져 오는 지금, 필자는 다시 그 주제를 바탕으로 이 글을 쓰려고 한다. 왜냐하면 이현협은 2004년 『시현실』로, 다시 2006년 『시사사』로 등단 후 지금까지 한 권의 시집도 내지 않았고, 그러므로 그때부터 써 온 대부분의 시 작품을 위주로 이번 시집이 탄생되기 때문이다. 지금까지 시집을 내지 않은 이유에는 이현협의 시만큼이나 나름대로의 독특한 고집이 있다. 그것은 이 시대, 이 사회에 던지는 자신의 시의 메시지가 무엇일까에 대한 회의적 반성과도 같은 고집이다. 다시 말하면 작가는 독자에게 '영양가 있는 음식'을 제공해야 하는데 그렇지 못하다는 자괴감 같은 고집이 자리하고 있있기 때문이다.

이현협 시인의 시에는 한 마디로 아픔이 많다. 그 아픔은 곧 상처다. 상처의 근원은 상실이다. 상실은 아버지의 시간에 대한 상실과 부재에 대한 상실이다. 그래서 이현협의 시는 아프고 아려서 동병상련하게 만든다. 그 부재에 대한 그리움의 정서가 이현협 시의 주된 주제이다. 그리고 또 하나의 주된 테마는 잃어버린 꿈에 대한, 유년 시절의 그리움이다. 이현협 시인은 이 그리움의 대상을 통하여 시적 발상과 사상으로 내공을 쌓고 있다. 이것이 이현협의 시다. 이현협의 시는 언뜻 보면 현란한 어휘와 낯설게 하는 어휘의 조합으로 독자를 어리둥절하게 만든다. 그러나 찬찬히 들여다보면 자의식의 분열과 같은 상실감을 주 테마로 의식의 흐름을 통한 자동기술 기법으로 시를 탄생시키고 있다.

> 먹물 뒤집어쓴 나룻가는 뜬 눈이다 내륙의 밤은 숨죽은 배추처럼 짜다 아버지의 시계에 행방불명된 잡초들이 살고 있다 일가를 이루지 못한 일년생 풀, 고집을 이루었으나 마디가 없다 꽃들이 떠난 자리에서 길을 잃고 기압골의 영향으로 흐리고 불순하다 풀씨의 식은 부리에 단풍이 든다 단풍에 풀어지는 동공에 눈물 고인다 심장 깊은 곳에 매여 있던, 수취인불명 편지는 돌아오지 않고 신림동 뒷골목 헤매던 불씨로 살아나 시퍼런 눈 껌벅인다 비전향 장기수처럼 목이 쉰 채로,
> ―「아버지의 視界」전문

'視界'는 시력이 미치어 볼 수 있는 거리, 혹은 식견이나 사려가 미치는 범위를 뜻한다. 이 작품「아버지의 視界」는 아버지가 살아오신, 혹은 살다 가신 그 세월만큼의 '시야가 미치는 범위'를 암시한다. 아버지는 아마 '신림동'에 사셨나 보다. 아니 대학을 다니던 시절에 살던 곳을 암시하는 뜻일 것이다. 배경이 된 그곳의 모든 사물들이 아버지처럼 어떤 일정한 거리

혹은 기간의 '視界' 속에 갇혀 있다고 이현협 시인은 인식한다. "아버지의 시계에 행방불명된 잡초들이 살고 있다 일가를 이루지 못한 일년생 풀,"이라는 진술에 의하면 이현협 시인의 아버지는 아마 어떤 이념의 와중에서 어려운 시대를 살았던가 보다. "일가를 이루지 못한 일년생 풀,"이 그것을 암시한다. 이현협 시인의 아버지는 잃어버린 자신의 아버지에게, 즉 이현협 시인에게는 할아버지인 수취인불명인에게 편지를 쓴다. 그러나 그 편지는 돌아오지 않는다. 아버지의 애타는 마음만 "불씨로 살아나 시퍼런 눈 껌벅인다 비전향 장기수처럼 목이 쉰 채로"라고 아버지의 안타까워하시던 모습을 환유하여 형상화하고 있다.

이렇게 이현협 시인은 일평생 아버지의 환상에서 벗어나지 못한 채 그 아버지의 영혼을 위무하듯 시를 빚어내고 있다.

> 흰 광목 찢어지는 소리로
> 섬을 두드리는, 시퍼런 손등
> 마지막 섹스를 잊지 못하는, 늙은 국밥집도 저물고
> 철로변 줄장미가 담배 연기처럼 흘러간다
> 다가온 것처럼 떠나는 외침들,
> 갈라진 손금마다, 티끌이 열리고
> 새가 되고 싶었다 붉은 달을 삼킨
> 거부할 수 없는 새벽, 빈 시간이 뒹굴고

> 낯선 엄마를 기다리는 쑥갓이파리 같은 아이도 잠들면
>
> 허물어진 가마의 참나무 재처럼 고립된,
>
> 부르튼 돛배 닻을 올린다
>
> ―「난파선」 전문

이 「난파선」은 한 가정이 순항을 제대로 못하였음을 암시하는 시다. 이현협의 아버지는 젊은 날, 우리 민족 수난의 한 역사인 근대사의 이데올로기라는 한복판에서 핍박을 당했던가 보다. 그로 인해 아버지는 직장을 얻을 수도 없었고, 뛰어난 머리와 학벌을 가지고도 가는 곳마다 늘 해고를 당해야만 했단다. 집안은 몰락하는 지경에 이르렀고 몸과 마음은 지치고 아프기만 했다. 이 작품 「난파선」은 아버지의 그런 아픔과 고통을 상상하여 발화한 작품이다. 이 시의 앞부분에서는 어두운 뒷골목을 배경으로 설정한다. 그리고 아버지의 심정을 대변한 표현으로 "새가 되고 싶었다. 붉은 달을 삼킨"과 같이 아버지 삶의 극한점을 암시하기도 한다. 그러나 "허물어진 가마의 참나무 재처럼 고립된," 그런 삶 속에서 "부르튼 돛배 닻을 올"리듯 홀로 괴롭고 어두운 삶을 이겨내려는 의지의 표현이 강렬하게 클로즈업된다. 이현협 시인의 이번 시집 1부에 구성된 작품은 전부 그 '아버지'를 모티프로 한 작품이다. 그만큼 아버지를 향한 안타까움의 정서가 간절하고 애절하다.

천상에 든 아버지 후배를 배웅하는 군내면 푸른 비탈, 벌거 벗은 촛불을 든 점집은 배가 고프다 오촌의 마천루에 가려진 바글바글한 제비꽃들과 눈물 한 잔 올렸다 사철 붉던 밤, 목 졸린 번호들과 해후하셨는지요. 공포를 뒤집어쓴 폐간 당한 청춘, 환불받았는지요. 살아남은 101번지 구더기들과 결핍을 끌어안은 29.7도의 성찬, 멸망 당한 복권復權에 어금니를 악무는 파멸은 실어증이다

—「실어증, 29.7도」 전문

　이 시는 화자가 아버지의 무덤을 찾아가서 아버지에 대하여 회상한다. "제비꽃들과 눈물 한 잔 올렸다"와 같이 아버지께 올리는 경배다. 참으로 갸륵한 성정이다. 그리고 아버지의 혼과 묵언의 대화를 한다. 그 대화는 아버지가 청년 시절 사상범으로 몰려 '붉은 방'에 사셨다는 그 장면을 연상한다. "사철 붉던 밤, 목 졸린 번호들과 해후하셨는지요." "공포를 뒤집어쓴 폐간 당한 청춘, 환불받았는지요." 아버지 살아생전의 삶의 한 장면을 극적으로 표현한 절정이다. 그리고는 반전하듯 "살아남은 101번지 구더기들과 결핍을 끌어안은 29.7도의 성찬"이란다. 사람이 죽은 후 남는 것은 몇 조각의 뼈와 '구더기'가 되는 일뿐이다. 그 구더기들은 아버지의 영혼처럼 말을 잃은 실어증 환자로서 살기에 가장 적당한 온도 '29.7도'에서 산다는 역발상적 상상으로 승화시켜 낸 역작이다. 그러나 마지막 시

행에서 암시하는 바와 같이 끝내 그 아버지는 "멸망 당한 복권 復權에 어금니를 악무는 파멸"로 실어증에 걸린 영혼이 된 것이다. 끝내 아버지는 복권이 되지 못한 상황이다. 안타깝다. 그래서 이현협 시인의 시는 이렇게 아픔과 함께 애련지심을 동반한다.

> 색연필을 가득 실은 버스가 무심한 골목을 지났다
> 아버지 무덤에 갈 때마다 벌거숭이가 되어 술을 마셨다
> 눈발이 출렁이는 아버지의 바다에 기타 소리가 자욱하다
> 비린내 나는 무덤가에 늙은 악사가 살고 있는 것이다
> 돌아앉은 해안을 맨발의 나비 빙빙 돌다가 잠이 든다
> 창백한 손으로 줄을 당기는 등을 날것들이 바동거리며 기어오른다
> 문이 열리고 순례자처럼 더듬거리며 파란 집
> 아궁이를 데우고 파란 압생트를 그렸다
> 청색 그늘을 노래하던 아버지와 숨 쉬는
> 푸른 기타리스트를 위해
> ─「맨발의 나비」전문

이 시의 화자는 '맨발의 나비'다. 맨발의 나비는 곧 작자 자신이다. 그 나비가 "아버지 무덤에 갈 때마다 벌거숭이가 되어 술을 마셨다". 여기서 '술'은 정화이거나 혹은 눈물의 메타포

다. 그 아버지는 생전에 "아궁이를 데우고 파란 압생트를 그렸"고, 또 음악을 좋아하는 기타리스트였다. 그래서 그 무덤가에서 화자는 아버지의 기타 소리를 듣는 것이다. 환상과 환청의 알레고리다. 그 환청의 기타 소리는 "눈발이 출렁이는 아버지의 바다에 기타 소리가 자욱하다"는 표현으로 형상화된다. 아버지를 생각하고 그리워하는 화자의 정서가 절정에 닿는다. 그러나 그 아버지는 이 지상에 없다. 없기 때문에 더 그리운 것이다. 부재의 아픔, 상실의 아픔이다.

    책장을 넘기자 초대받지 못한 손님처럼 벌거벗었다
    손가락을 탈출한 비상은 다시 무거워졌다

    행선지를 잃어버린 입맞춤에 생각의 도시는 만석이다
    줄어든 양심에 미끄러진 문장 분절되어 피었다

    분가루처럼 흩날리던 만월, 빨강 입술이 실룩거린다.
    남겨진 편지는 옥수수염처럼 말라갔다

    마지막 장을 넘기자 모르포 나비가 울었다
    수신 제한 구역에 갇힌 피와 살,
                         ―「수신 제한 구역」 전문

이 시는 제목에서 암시하는 대로 편지를 제대로 보내지도 받을 수도 없는 "수신 제한 구역"이다. 아마 아버지가 사상범으로 몰려 고통을 받았던 그 어떤 곳을 연상해서 쓴 작품으로 인식된다. "줄어든 양심에 미끄러진 문장 분절되어 피었다"는 것은 양심껏 쓸 수도 없는 편지의 문장을 암시한다. 그런 편지마저 "남겨진 편지는 옥수수염처럼 말라갔다"고 '수신과 발신의 제한 구역'을 암시하고 있다. "마지막 장을 넘기자 모르포 나비가 울었다"처럼 수신 제한 구역에 갇혔던 아버지의 피와 살이 응고되었던 삶과 생이 연상된다. 처절한 아픔의 '제한 구역'이다.

이현협의 시는 추상적이고 모호한 면이 많다. 하지만 그 이면에 흐르는 의미는 매우 심오한 시적 경지를 이룬다. 아버지를 소재로 한 모든 시가 피를 토할 만큼 아프고 처절한 아버지의 삶을 회환하여 재탄생 시키고 있다. 그럼에도 그 아픔과 그리움과 한은 풀리지 않는다. 그래서 이현협은 「하루살이」란 작품에서는 "세포를 일으키고 촉수를 다 동원"하기도 한다. 그러나 그 그리움의 노래는 "들을 수 없다 들리지 않는다". "기차를 타면 녹아내리는 심장에 닿을 수 있을까/ 결핍된 은자의 노래를/ 가난한 생명의 노래를" 듣기를 간절히 염원한다. 닿을 수도 없고 볼 수도 없는 그리움에 대한 환상을, 아버지와 화자의 심정을 중의적으로 표현한 작품이다.

이현협 시인의 '아버지'에 대한 시를 읽고 이 글을 쓰면서 사뭇 가슴이 먹먹해진다. 아버지가 젊은 시절에 겪은 사건이라지만 남북으로 갈린 이데올로기의 한복판에서 사상범으로 몰려 세상과 단절된 공간에서의 그 고통은 얼마나 숨 막히는 아픔이었을까? 또한 이 사회에서 받은 인권의 박해와 평등을 보장 받지 못한 삶은 또 얼마나 큰 고통이었을까를 생각해 본다. 가슴이 답답하기만 하다. 그러나 이젠 그 아버지도 돌아가시고 이현협 시인은 그런 아버지의 고통을 대신하듯 아버지의 영상과 환상을 찾아가며 시를 쓰고 있다. 시를 쓰면서 아버지의 아픔을 대신하고 아버지의 영혼을 위무한다. 그것은 곧 '부재'한 아버지에 대한 그리움이자 끝없는 아버지와의 사랑이며 대화이다.

2. 유년을 회유한 시 세계

'존재의 부재'만큼 더 큰 상실이 어디 있으랴! '근원적 부재와 자아의 존재적 가치에 대한 갈등, 그런 내면의 세계가 바로 이현협이 그려내고자 하는 시 세계다. 그래서 이현협은 시 속에서, 시를 통하여 '존재의 부재'와 '잃어버린 자아'를 찾아 부단히 고뇌하고 방황한다. 그의 그런 내면을 알게 되면 쉽게 그의 시에 흐르는 내공의 설계를 짐작할 수가 있다.

혹자는 이현협의 시가 어렵다고 한다. 무슨 말을 하려는 것인지 모르겠다고 한다. 피상적일지 모르지만 앞에서 언급한 '상실의 부재' 그 부재로 오는 자아 찾기. 혹은 '자아 세우기'라는 의미망을 염두에 두고 읽으면 쉽게 이해될 수 있다. 다소 무리한 표현이 있다고 여겨지는 것은 16세기 프랑스의 의사 시인 브르통이 주창한 '자동기술법' 작법을 쓰고 있기 때문이다. 또 다르게 말한다면 독백하듯 방언을 하듯 '의식의 흐름'을 따라 쓰기 때문이다. 하여 얼핏 보기에 통일성과 일관성이 없고 산만하고 현란하게 느껴질 수도 있다. 그 이유는 언어와 언어의 연결이 이질적 어휘로 단절되면서 이어지고 이어지는 듯 단절되는 어휘들의 조합이기 때문이다. 그러나 이현협 시의 근본 정서는 잃은 것에 대하여, 부재한 것에 대하여 설계하고 내공을 채운다. 혹은 세공을 하듯이 자신을 조탁하고 설계한다. 이 설계 속에서 자신을 찾고 잃어버린 아버지를 찾아 세운다. 이것이 이현협의 시 세계이다.

목수의 집을 지나 절벽을 건너온 바람이 지층에 내려앉는 시간들, 닫힌 귀 사이로 하늘을 열어 청보랏빛 생에 파편을 불러 모아 거푸집을 세웠지, 한없이 미끄러지며 추락하는 한 폭의 조등은 장송곡을 읊조리다 잠들었어, 무상한 호漢 자박일 때 물살을 밀치는 소리는 견딜 수 없는 구토처럼 이곳저곳에 흔적으로 부서지고, 단 하나의 사실은 매일매일 상처로 죽어

간다는 것, 정체불명의 시체는 노점 생선가게 좌판에 두 눈 뜬
채 널브러져 있어,
　　반짝이는 은비늘을 꼿꼿이 세우고,
　　　　　　　　　　　　　―「거푸집은 수리 중」 전문

「거푸집은 수리 중」의 주인공은 이 작품의 화자인 곧 작자 자신이다. 거푸집을 세우고 또 세워도 곧 부서져 내리고 끝내 "장송곡을 읊조리다 잠들었"다고 회의懷疑한다. "정체불명의 시체는 노점 생선가게 좌판에 두 눈 뜬 채 널브러져 있어"라는 묘사를 통해 화자의 자화상으로 이미지화한다. 왜 이리 비참하게 자신을 매도하고 있을까? 그 이유를 알 수는 없지만 자의식의 분열, 혹은 열패감과 자괴감의 분출이 아닐까?

위의 시 「거푸집은 수리 중」과 유사한 작품으로, 시적 화자가 잘 반영되기도 하고 시적 구조가 탄탄하게 잘 짜여진 시가 있다. 「유년, 그 허리춤을 세우며」가 바로 그것이다.

　　유년이 떠나고 바짓가랑이에 차오르는 쓰라림을 껴안아야
　했어
　　가늘 수 없는 목을 누군가에 의해 잡힌 채 낯선 거리에서 나
　는 수시로 나부끼고,
　　수취인불명의 내 이름은 아무 곳에도 수신되는 데가 없었어
　　차디찬 지하 세모에서 미세한 내 영혼은 종일 덜컹거렸어

> 닫힌 지하도의 입으로 내 목젖의 쓰라림은 한겨울처럼 깊어갔어
> 어둑한 속뼈를 수선하며 나는 내 허리춤을 세우곤 했어
> 내 푸른 뼈는 늘 허물어질 위기 앞에 놓여 있었어
> ―「유년, 그 허리춤을 세우며」 전문

 이 시는 시상의 흐름이 분절되지 않고 자연스레 전개되고 있다. "바짓가랑이에 차오르는 쓰라림을 껴안아야 했어"와 같이 이현협 시인에게 사춘기 때부터 찾아온 그 쓰라린 아픔은 무엇이었을까? 그것은 아마도 인생에 대한 회의와 고뇌와 갈등이었을 것이다. 그 고뇌는 이 시의 전반에 흐르고 있다. 특히 "수취인불명의 내 이름은 아무 곳에도 수신되는 데가 없었어"라는 표현과 같이 '존재'에 대한 회의적 갈등이었을 것이다. 그 '존재'는 늘 "차디찬 지하 세모에서 미세한 영혼은 종일 덜컹거렸어"라는 표현으로 고뇌에 찬 영혼을 표출한다. 어디 그뿐인가! "닫힌 지하도의 입으로 내 목젖의 쓰라림은 한겨울처럼 깊어"가고 있다고 극한점으로 승화한다. 그러나 절망이 절망을 딛고 일어서기 위하여 이 시의 제목「유년, 그 허리춤을 세우며」에서 암시한 대로 "어둑한 속뼈를 수선하며 나는 내 허리춤을 세우곤 했어"와 같이 희망적 사유를 발견하게 된다.

 그러면 이현협 시인의「존재」에 관한 시는 또 어떻게 그 '존

재'를 노래하고 있는지 감상해 보자.

    살아온 날들에 관하여 진술하자면 삶도 시든다는 것을 이야기해야 한다 까무러칠 듯 울어대는 전화기 도통 관심 끊은 지 오래 생각나면 달려가 얼싸안고 담고프면 꿈속에서도 꾹꾹 번호를 눌러 친다 체할 듯 꺽꺽이는 전화 열어젖혔더니 푸릇한 원한들이 총알보다 빠르게 심장을 훑어 내린다 제풀에 실신하고 내 품에 엉금엉금 꿈틀거린다 선명한 이유 건너뛸 수 없는 사실 살아 있음이다 죽은 자의 영혼처럼 울음 새겨진 낡은 사랑 같은 구겨진 생 허름한 극장에서 푸르다는 것이 이토록 슬프다는 것을, 슬픔을 맨살에 억지로 껴 넣으며,
    아비의 그 늦은 밤그림자처럼 서 있는 멀리 귀가를 기다리는 밤 멀리 전봇대를 내려다봤어, 살아온 날들처럼 죽어갈 날을 망연히 내려다보고 있는 것처럼

―「존재」 전문

  이 시는 '생과 사'의 철학적 문제를 근간으로 하고 있다. '삶과 죽음'이란 문제는 쉽게 보고 듣고 알고 있으면서도, 영원한 숙제처럼 어려운 것이 '존재'라는 문제다. "살아온 날들에 관하여 진술하자면 삶도 시든다는 것을 이야기해야 한다"는 멋진 문장 속에 가려진 "살아온 날들처럼 죽어갈 날을 망연히 내려다보고 있는 것처럼"에서 인식할 수 있듯이 어두운 길, 즉

죽음에 관한 문제는 삶의 문제와 등가等價을 이룬다는 암시다. 그런 의미로 이 시에 전반적으로 흐르는 주된 구성 요소는 생과 사처럼 슬픔과 기쁨, 어둠과 밝음의 대칭 구조로 삶의 어떤 경계점을 암시하는 사상을 전개하고 있다. '존재'란 삶과 죽음의 문제처럼 어렵기만 한, 영원한 숙제다. 「거울」이란 작품에서는 어떻게 또 '존재'의 자아를 찾아가고 있는가를 살펴보자.

　　광대야 바람이 분다 너의 웃음은 종교와 같아서 맞은편 의자엔 슬픈 사람들뿐인데 너는 떠도는 운명이라 내일을 축적하지 않는다 광대야 어둠이 내린다 회색 포도 위에 떨어지는 빗방울이 네 속에 갇힌 도시의 네온을 흔들고 있다 햇살에 스러지는 이슬처럼, 가끔 속삭이는 죽음처럼 내게 거짓 기쁨을 팔아먹고 떠나간 광대야.
　　　　　　　　　　　　　　　　　　　　―「거울」 전문

　이 시 역시 이현협 시인 자신의 자의식의 세계를 노래하고 있다. '거울'을 통하여 '나'를 찾으려는 혹은 찾아가는 의식이다. 작자는 '광대'라는 대칭 인물을 설정하여 그 '광대', 즉 '나'의 인생을 우회적으로 술회하고 있다. 작자 자신을 표현하기 위하여 '광대'를 매개로 환유한 시적 발상이 탁월하다. 그런데 그 '광대'의 인생은 어둡기만 하다. "회색 포도 위에 떨어지는 빗방울이 네 속에 갇힌 도시의 네온을 흔들고 있"기도 하고 "햇살에 스러지는 이슬처럼, 가끔 속삭이는 죽음처럼 내게 거짓 기쁨을 팔아먹고 떠난 광대"이기도 하다. 우리 인생살이는 모두 이런 한 편의 드라마 속에서 서툰 연기를 하다가 돌아갈 '광대'가 아닐까? 자못 의미심장한 작품으로 독자들에게 많은 생각을 제공할 수 있는 여운이 감도는 작품이다.

3. 공복의 시대를 살면서

> 지도가 없는 땅을 걷고 싶다 했소
> 취중 가위질에 잘려 나간 찌푸린 침대칸
> 다음 역은 벗겨진 시멘트 꽃의 명소, 헨드릭
> 쳇 베이커의 황동보다 가벼운 영하 19도의 나라
> 계절을 잊은 천장에 뒤집힌 채 떠다니는 샴페인 병
> 잠든 포장이 부르트면 노래를 파종해도 좋소
> 첫 설렘, 첫 손길, 첫 입맞춤
> 첫 만찬이 준비되어 있소
> 심장을 가둬버릴
>
> ―「공복의 시대」 전문

이 시는 이번 시집의 표제 시다. 매우 추상적이고 의미가 분절되는 듯한 시로 난해하다. 그러나 이현협 시인은 이 짧은 시

속에서 많은 메시지를 던지고 있다. 현대를 살고 있는 우리들의 자화상 같은 '공복의 시대'란 어절의 의미 때문이다. '공복'은 허기, 결핍, 공허, 갈증 같은 정서를 암시하는 추상명사다. 물질적 풍요 속에서도 현대인들은 정신적 '공복' 속에 살고 있지 않는가? 이 시에서 "지도가 없는 땅을 걷고 싶다 했소/ 취중 가위질에 잘려 나간 찌푸린 침대칸"이 암시하듯 길이 없는 길을 개척하려 하고 '취중'에서처럼 다 잃어버린 관계 속에서 본질적인 그 어떤 것을 되찾으려 몸부림치는 것은 아닐까? 그리고 현대인들의 낭만적이고 쾌락적인 유희는 "계절을 잊은 천장에 뒤집힌 채 떠다니는 샴페인 병"이 되기도 하며 쳇 베이커라는 미국의 재즈 가수를 등장시켜 유희적으로 현대인들의 모습을 그려내고 있다. 이런 환상적 화려함 속에 살고 있는 우리 현대인들의 영혼은 어떠한가? 그 이면에 흐르는 군상의 모습, 영혼의 모습은 "황동보다 가벼운 영하 19도의 나라"에 살고 있다고 작자는 역설한다. 영혼의 배고픔이다. 춥고 배고픈 공복의 영혼들이다. 한 해에 고독사로 생을 마감하는 사람은 우리나라에서만도 무려 4천 명에 육박한다고 한다.

그리고 이현협 시에 나타나는 또 하나의 특징이 있다. 그는 영화나 음악. 미술작품을 보고 거기에서 영감을 얻어 창작한 작품이 많다. 음악을 들으며 영감을 얻은 작품으로 「모르포나비」, 「우울한 귀족」, 「마주르카」 등등 부지기수다. 미술작품을 감상하면서 쓴 작품은 「마티스의 창문을 열다」, 「얼음 베개」, 「붉은 안부」, 「보편적 고발」 등, 작품마다 주석이 있는 시가 대부분 음악과 미술을 감상하면서 얻어낸 정서적 영감의 산물이다.

위의 시 「공복의 시대」 하단에 인용된 주해註解의 인물을 살펴보자. 쳇 베이커(1929~1988)는 미국의 재즈 트럼펫 연주자이자 가수이다. 감미롭고도 쓸쓸하고 멜랑콜리한 감성의 상징적 인물로 재즈 팬들 사이에서 낭만적인 비극의 아이콘으로 불리는 인물이라고 한다.

암스테르담은 쳇 베이커가 1988년에 네덜란드 암스테르담의 한 호텔에서 추락사한 도시라고 한다. 이렇게 이현협 시인은 재즈 가수 쳇 베이커를 주인공으로 등장시켜 현대인들의 화려함 속의 풍요, 풍요함 속의 공허와 결핍, 결핍 속에서의 허무와 무상함을 그려내고 있다. 탈출구도 없는 "심장을 가둬버릴" 허공 같은 이 우주宇宙의 공간空間에서 이현협 시인의 '공복의 시대'를 외면하지 않으려는 그 시선이 따뜻하기만 하다. 그 따뜻함은 「종이밥」과 같은 작품에서도 '공복의 시대'의 한 단면을 연상시키고 있다.

　　푸른 바람은 더 이상 노래하지 않았다 검정 저고리 고름이 자꾸 흘러내렸다 하얀 국화로 둘러싸인 종이 밥그릇에서 국화꽃 냄새가 났다 빈 숟가락도 들기 힘겨운 고름을 매어 주고 슬픔의 점령지를 탈출했다 범의 불알을 얼구는 산자의 골목은 눈먼 악사의 차르다시에 깨어나고 있다 흔들리는 비닐 안에 얼어붙은 팥을 긁어 반죽을 달래는 손이 엄마를 닮았다 굽어진 등이 지친 사연에 앉아 더덕을 깐다 귀머거리 노구의 뻥이요, 소리에 사소한 의문들이 키 큰 전봇대로 기어올랐다

―「종이밥」 전문

　이 작품,「종이밥」은 감성과 이미지가 응축된 시다. 이탈리아의 작곡가이자 바이올리니스트인 비토리오 몬티가 작곡한 노래 '차르다시Czardas를 연주하고 즐긴다. 그러나 그 이면裏面에 드리운 내용은 어둡기만 하다. 소시민 혹은 민초들의 가난과 슬픔, 그리고 죽음과 같은 어둔 이미지가 '어머니'란 이름으로 암시된다. 이 작품 역시 '공복의 시대'의 한 축이다. "범의 불알을 얼구는 산자의 골목"이나 "비닐 안에 얼어붙은 팥을 긁어 반죽을 달래는 손" "굽어진 등이 지친 사연에 앉아 더덕을 깐다" 등은 모두 우리 민초들의 삶의 한 단면이다. 그 주인공들은 모두 하루 품팔이로 노상이나 혹은 골목 어귀에서 컵라면 같은 '종이밥'을 먹는 군상이다.

4. 에필로그

　이상과 같이 이현협 시인의 시 세계를 살펴보았다. 이현협은 우선 사물을 보고 듣고 느끼는 정서와 상상력이 뛰어난 시

인이다. 상상력은 시인들의 자산이다. 이현협 시인은 고도의 상상력을 동원한 연상 작용으로 알레고리를 형성해 낸다. 그러므로 그의 시는 매우 난해하게 느껴질 때가 많다. 게다가 다른 장르인 음악, 미술, 영화 작품 등을 감상하고 거기서 느낀 정서를 테마로 창작한 시가 많다. 현대시의 특성 중 하나인 생각을 생각하게 하고 상상력으로 분석하게 하는 주지적 기법으로 쓴 시가 대부분이다. 전통적인 형식 파괴는 물론 어휘와 어휘의 조합이 엉뚱한 이미지로 그려지기도 한다. 그런 까닭으로 이현협의 시가 어렵게 느껴지는 이유이다. 이현협 시의 또 하나의 특징은 사물의 이치를 깊이 있게 궁구하여 상상의 세계를 사유케 하는 점이다. 다시 말하면 상상력으로 시를 분석하고 이해하도록 유도한다. 때로는 엉뚱한 듯한 어휘와 상상력으로 상징적 이미지와 의미가 모호하여 어리둥절하게 느껴지는 작품이 많다. 네 번째 그의 시 특성은 내적 독백이 서술적 기법 사용이다. 이 기법은 의식과 무의식의 세계를 표출하는 일종의 '의식의 흐름' 작법이다. 앞으로 더욱더 색다른 좋은 작품으로 새로운 시의 경지를 이뤄내기를 기대하면서 이현협 시인의 첫 시집 탄생을 축하한다.

| 이현협 |

경기 포천 출생. 2004년 『시현실』, 2006년 『시사사』로 등단했으며, 2023년 강원여성문학대상을 수상했다. 한국시인협회 회원으로 활동 중이다.

이메일 : lhh590308@hanmail.net

현대시 기획선 132
공복의 시대

초판 인쇄 · 2025년 8월 10일
초판 발행 · 2025년 8월 15일
지은이 · 이현협
펴낸이 · 이선희
펴낸곳 · 한국문연
서울 서대문구 증가로29길 12-27, 101호
출판등록 1988년 3월 3일 제3-188호
편집실 | 서울 서대문구 증가로31길 39, 202호
대표전화 302-2717 | 팩스 · 6442-6053
디지털 현대시 www.koreapoem.co.kr
이메일 koreapoem@hanmail.net

ⓒ 이현협 2025
ISBN 978-89-6104-392-2 03810

값 13,000원

* 이 시집은 강원특별자치도 강원문화재단 후원으로 발간되었습니다.

* 잘못된 책은 바꾸어 드립니다.